BEI GRIN MACHT SICH IHR WISSEN BEZAHLT

AF168012

- Wir veröffentlichen Ihre Hausarbeit, Bachelor- und Masterarbeit

- Ihr eigenes eBook und Buch - weltweit in allen wichtigen Shops

- Verdienen Sie an jedem Verkauf

Jetzt bei www.GRIN.com hochladen und kostenlos publizieren

Bibliografische Information der Deutschen Nationalbibliothek:

Die Deutsche Bibliothek verzeichnet diese Publikation in der Deutschen National-
bibliografie; detaillierte bibliografische Daten sind im Internet über http://dnb.d-
nb.de/ abrufbar.

Impressum:

Copyright © 2017 GRIN Verlag
Druck und Bindung: Books on Demand GmbH, Norderstedt Germany
ISBN: 9783346083449

Anonym

"Die Rattenlinien" der Täter des Nationalsozialismus. Josef Mengele und Erich Priebke

Wie die Ratten das sinkende Schiff verließen

GRIN Verlag

GRIN - Your knowledge has value

Der GRIN Verlag publiziert seit 1998 wissenschaftliche Arbeiten von Studenten, Hochschullehrern und anderen Akademikern als eBook und gedrucktes Buch. Die Verlagswebsite www.grin.com ist die ideale Plattform zur Veröffentlichung von Hausarbeiten, Abschlussarbeiten, wissenschaftlichen Aufsätzen, Dissertationen und Fachbüchern.

Besuchen Sie uns im Internet:

http://www.grin.com/

http://www.facebook.com/grincom

http://www.twitter.com/grin_com

Inhaltsverzeichnis

1 Die „Rattenlinie" als letzte Fluchtmöglichkeit vor der Eigenverantwortung als Täter

Der Begriff „Rattenlinie" bezeichnet im Spionagejargon einen „präparierten Weg, über welchen Flüchtlinge oder auch Agenten verdeckt in ein Land hinein oder aus einem Land heraus geschleust werden"[1].

Im Bezug auf den Nationalsozialismus sind besonders die Fluchtrouten der Nationalsozialisten von Italien, meist Südtirol und Rom, über Nord- und Südamerika gemeint. Diese endeten vor allem in Argentinien, aber auch im Nahen Osten, wie zum Beispiel Syrien oder Ägypten. Neben Italien war auch das von Franco beherrschte Spanien ein sicherer Übergangsplatz für die flüchtigen Kriegsverbrecher. Es wurde ihnen dort bis zu ihrer Abreise per Schiff eine Unterkunft, Verpflegung und nicht selten sogar Startkapital für ihre neue Existenz zur Verfügung gestellt.

Diese organisierten Fluchthilfen entwickelten sich von der Hilfe einzelner Privatpersonen bis hin zu einem länderübergreifenden Fluchthilfenetzwerk, in welchem die einzelnen Parteien unterschiedlich motiviert waren. Argentinien beispielsweise versuchte durch Anwerbung von Fachkräften für Militär und Technik zum führenden Industrieland zu werden.

Die Rattenlinien werden auch „Klosterrouten" oder „Vatikanlinien" genannt, da zu den Unterkünften nicht nur öffentliche Gasthäuser oder private Anlaufstellen, sondern auch Klöster oder kirchliche Einrichtungen im Allgemeinen zählten.

Die Grundeigenschaften einer Ratte werden durch den Begriff „Rattenlinie" auf die Nationalsozialisten übertragen. Somit werden sie als ichbezogen, eigennützig, aggressiv, unbeherrscht und hinterhältig beschrieben. Trotz ihrer Machtpositionen im Dritten Reich, währen denen sie menschenverachtende Arbeiten verrichtet hatten, besaßen sie nicht den Mut sich einem Gerichtsverfahren, also ihrer Eigenverantwortung, zu stellen, sondern wählten die Flucht.

Im folgenden Abschnitt werden die Besatzungszeit Deutschlands durch die Alliierten, Fluchtrouten und die dazugehörigen Fluchthelfer dargelegt.

Des weiteren werde ich mich mit dem nationalsozialistischen Aspekt der katholischen Kirche, also den Beziehungen katholischer Kirchenmitglieder zum Nationalsozialismus, befassen. Hierbei wird auch der moralisch-ethische Aspekt untersucht.

Anhand der Beispiele von Josef Mengele und Erich Priebke wird der Werdegang eines Kriegsverbrechers bis 1945 sowie dessen darauffolgende Flucht analysiert.

---

[1] GRAÉ, ANN-CHRISTIN, *Die katholische Kirche und die so genannte Rattenlinie - Der Vatikan als Fluchthelfer für Naziverbrecher.* 2011, S.4

2 Die Besatzungszeit Deutschlands durch die Alliierten

vgl. GIEFER, RENA/GIEFER, THOMAS, *Die Rattenlinie - Fluchtwege der Nazis : eine Dokumentation.* 1992; GRAÉ, ANN-CHRISTIN, *Die katholische Kirche und die so genannte Rattenlinie - Der Vatikan als Fluchthelfer für Naziverbrecher.* 2011

Während zehntausende Menschen den Krieg bis zum Ende mit ihrem Leben büßten, entzog sich Reichskanzler Adolf Hitler am 30. April 1945 seiner Verantwortung als „Führer" durch Selbstmord.

Die Kapitulationserklärung mit dem folgenden Inhalt wurde am 8. Mai 1945 im sowjetischen Hauptquartier in Berlin-Karlshorst von Friedeburg[2], Keitel[3] und Stumpff[4] im Namen des Oberkommandos der deutschen Wehrmacht unterzeichnet:

„Wir, die hier Unterzeichneten, handelnd in Vollmacht für und im Namen des Oberkommandos der Deutschen Wehrmacht, erklären hiermit die bedingungslose Kapitulation aller am gegenwärtigen Zeitpunkt unter deutschem Befehl stehenden oder von Deutschland beherrschten Streitkräfte auf dem Lande, auf der See und in der Luft gleichzeitig gegenüber dem Obersten Befehlshaber der Alliierten Expeditions-Streitkräfte und dem Oberkommando der Roten Armee."[5]

Nach mehr als fünf Jahren Krieg stand der ersehnte europäische Frieden bevor, zuerst aber die Besetzung Deutschlands durch die Alliierten. Kriegsverbrechern würde durch die Berliner Erklärung, welche knapp einen Monat nach der bedingungslosen Kapitulation der deutschen Wehrmacht erfolgte, keine Gnade gewährt werden. Es hieß: „Von den Alliierten benannte Kriegsverbrecher sind festzunehmen und den Alliierten zu übergeben. Das gilt auch für Angehörige der Vereinten Nationen, die gegen Gesetze ihres Landes verstoßen haben.", die Siegermächte verwirklichten also, was sie bereits in der „Moskauer Erklärung"[6] angekündigt hatten[7].

Mitte 1945 wurden daraufhin Spitzenleute des Nazi-Regimes, wie Heinrich Himmler, Joachim von Ribbentrop oder Robert Ley, die versucht hatten durch Tarnung dem Fahndungsbefehl zu entkommen, festgenommen[8].

---

[2]ab 1945 Nachfolger von Dönitz als Oberbefehlshaber der Kriegsmarine
[3]ab 1938 Chef des Oberkommandos der Wehrmacht
[4]ab 1939 Generalstabschef der Luftwaffe
[5]BILDUNG, LANDESZENTRALE FÜR POLITISCHE, *Der 8. Mai 1945 - Kriegsende.* Landeszentrale für politische Bildung ⟨URL: https://www.lpb-bw.de/kriegsende.html⟩ – Zugriff am 3.11.2017
[6]Die Moskauer Deklaration (auch Moskauer Erklärung) war das Ergebnis der Moskauer Konferenz der alliierten Außenminister während des Zweiten Weltkriegs 1943. An der Moskauer Konferenz vom 19. Oktober bis 1. November 1943 nahmen die Außenminister der drei führenden alliierten Mächte USA, Großbritannien und UdSSR (Hull, Eden und Molotow) teil. Die Erklärung wurde am 30. Oktober 1943 in Moskau beschlossen und am 1. November 1943 veröffentlicht.
[7]GRAÉ, ANN-CHRISTIN, *Die katholische Kirche und die so genannte Rattenlinie - Der Vatikan als Fluchthelfer für Naziverbrecher.* 2011, S.2
[8]ebd.

2.1 Fluchtrouten und Fluchthelfer

vgl. STAHL, DANIEL, *Nazi-Jagd Südamerikas Diktaturen und die Ahndung von NS-Verbrechen.*
2013; STEINACHER, GERALD, *Nazis auf der Flucht - wie Kriegsverbrecher über Italien
nach Übersee entkamen.* [2]2010

Ach die übrigen NS-Schergen mussten, wenn sie sich ihrer Verantwortung entziehen wollten, fliehen. Das generell verhängte Auswanderungsverbot für Deutschland galt nicht im angrenzenden Ausland, weshalb sich die Flüchtenden - es kann von einer Gesamtzahl im vierstelligen Bereich ausgegangen werden[9] - von Nord nach Süd in Bewegung setzten. Durch diese Überbelastung der Behörden und der Polizei wurden im Herbst 1944 Reisepapiere vom Roten Kreuz für Flüchtlinge verteilt.[10]

2.1.1 Rotes Kreuz als Fluchthilfeorgan

Reisedokumente für Flüchtlinge auszustellen gehörte ursprünglich nicht zum Aufgabenbereich des „Internationalen Komitees des Roten Kreuzes", kurz IKRK. Es war nämlich eigentlich die Hauptaufgabe der örtlichen (Pass-)Behörden, allerdings machte die Notsituation der Nachkriegsjahre die Mithilfe des Roten Kreuzes notwendig.

Durch den riesigen Andrang von Menschen ohne gültige Papiere war das IKRK bald überfordert und die Pässe wurden, ohne Einhaltung der strengen Richtlinien zur Identitätsprüfung, in unzähliger Weise ausgeteilt. Die Vorgehensweise bei der Antragsstellung war lediglich den Namen anzugeben und diesen von einer beliebigen Person bestätigen zu lassen. So konnten flüchtende Nazis sich gegenseitig die jeweilige Identität bezeugen und bekamen problemlos offizielle Personenausweise mit gefälschten Personalien.

Allein von 1945 bis Anfang 1947 wurden 25 Tausend, bis 1951 insgesamt 120 Tausend Exemplare ausgestellt.[11] 1950 stellte das IKRK die Passausstellung, aufgrund von etlichen Fälschungsvorwürfen durch schweizerische, italienische und amerikanische Behörden, endgültig ein.

2.1.2 „Kap der letzten Hoffnung"

Argentinien, auch bekannt als „Kapp der letzten Hoffnung", war mit das beliebteste Flüchtlingsland für NS-Kriegsverbrecher.

Zum einen ist dieses Image auf die bis dahin immer stabilen deutsch-argentinischen Verbindungen zurück zu führen, zum anderen auch auf die faschistische Gesinnung des Staatspräsidenten Juan Perón.

---

[9]GRAÉ, ANN-CHRISTIN, *Die katholische Kirche und die so genannte Rattenlinie - Der Vatikan als Fluchthelfer für Naziverbrecher.* 2011, S.3
[10]ebd.
[11]GRAÉ, ANN-CHRISTIN, *Die katholische Kirche und die so genannte Rattenlinie - Der Vatikan als Fluchthelfer für Naziverbrecher.* 2011, S.12

Wie bereits erwähnt war Argentinien vor allem auf die potentiellen deutschen Fachkräfte für Militär und Technik aus, da Deutschland im internationalen Vergleich einen sehr guten Ausbildungsstandard hatte.

Genauere Informationen zu Fluchtvorbereitungen beziehungsweise Fluchtrouten lassen sich nicht mehr rekonstruieren, da der Großteil der Akten aus dem Nazi-Fluchthilfe-Archiv vernichtet wurde.[12]

2.1.3 Mythos „ODESSA"

vgl. GRAÉ, ANN-CHRISTIN, *Die katholische Kirche und die so genannte Rattenlinie - Der Vatikan als Fluchthelfer für Naziverbrecher.* 2011, *S. 7f.*

Die „Organisation der ehemaligen SS[13]-Angehörigen", kurz „ODESSA", soll angeblich eine verschwörerische Geheimorganisation der SS Untergrundbewegung gewesen sein, deren Ziel die Fluchthilfe für Kriegsverbrecher war. Allerdings wurde der Mythos um „ODESSA" mehrmals mit der Erklärung widerlegt[14], dass es sich lediglich um ein gut organisiertes länderübergreifendes Fluchthilfenetzwerk von Menschen ähnlicher Gesinnung, und nicht um eine Geheimorganisation handle.

3 Beziehungen katholischer Kirchenmitglieder zum Nationalsozialismus

vgl. GRAÉ, ANN-CHRISTIN, *Die katholische Kirche und die so genannte Rattenlinie - Der Vatikan als Fluchthelfer für Naziverbrecher.* 2011; FELDKAMP, MICHAEL, *Mitläufer, Feiglinge, Antisemiten? - Katholische Kirche und Nationalsozialismus.* [1]2009; KLEE, ERNST, *Persilscheine und falsche Pässe : wie die Kirchen den Nazis halfen.* 1991; KALTEFLEITER, WERNER/OSCHWALD, HANS PETER, *Spione im Vatikan die Päpste im Visier der Geheimdienste.* 2006

Die Antipathie der Nationalsozialisten und der katholischen Kirche sind allgemein bekannt. Nach dem erhofften Sieg des II. Weltkrieges war es Hitlers Plan „jeden katholischen Geistlichen aufzuhängen" und „die Kirchen und das Christentum zu vernichten". Seine Richtlinie dafür war sein Entwurf eines Drei-Punkte-Programms. Er sah erstens die „sofortige und bedingungslose Abschaffung sämtlicher Religionsbekenntnisse mit gleichzeitiger Proklamierung Adolf Hitlers zum neuen Messias" vor. Des weiteren solle er, der Führer, als „Mittelding zwischen Erlöser und Befreier, jedenfalls als ein Gottgesandter, dem gött-

---

[12]GRAÉ, ANN-CHRISTIN, *Die katholische Kirche und die so genannte Rattenlinie - Der Vatikan als Fluchthelfer für Naziverbrecher.* 2011, S. 9

[13]Die Schutzstaffel (SS) war eine nationalsozialistische Organisation zu Zeit des Nationalsozialismus, die der NSDAP und Adolf Hitler diente. In ihren Verantwortungsbereich fielen Betrieb und Verwaltung von Konzentrations-/Vernichtungslagern.

[14]vgl. Heinz Schneppen „Odessa und das Vierte Reich", 2007

liche Ehren zustehen" betrachtet werden und schließlich war vorgesehen die „vorhandenen Kirchen, Kapellen, Tempel und Kultstätten der verschiedenen Religionsbekenntnisse in „Adolf-Hitler-Weihestätten"" umzuwandeln.[15] Im Jahr 1943 bestand die Furcht vor der Entführung und Ermordung des Papstes durch Nationalsozialisten. Daraufhin wurden Schutzmaßnahmen getroffen, und der Papst unter Sicherheitsverwahrung gestellt[16]. Kurz darauf folgte die Entschuldigung der deutschen Regierung, der Plan sei zum Schutz des Papstes vor Feinden ausgearbeitet worden. Tatsächlich aber wurde Hitlers Mordversuch an Papst Pius XII. auf die Warnungen seiner Berater hin abgebrochen, wegen möglicher negativer Konsequenzen. Die Frage, welchen Zweck dieser Mord gehabt hätte, bleibt aber offen, da ein neugewählter Nachfolger seine Stelle eingenommen hätte.

Zwar agierte die katholische Kirche nie offiziell als Fluchthelfer, dennoch erwiesen sich einige kirchliche Einrichtungen und Würdenträger unter der Schirmherrschaft von Papst Pius XII. als ein zentraler Anlaufpunkt für nationalsozialistische Kriegsverbrecher.

Die deutschen NS-Täter nahm vor allem der Leiter der österreichischen Sektion der Päpstlichen Hilfskommission, Bischof Alois Hudal, unter seine Obhut. Das Kloster Dell'Anima, geleitet von ebendiesem, war der Hauptsitz der „Assistenza Austriaca". Die dortige Hauptaufgabe bestand in der Beschaffung von Ausweispapieren und Reisevisa. Der Träger des „Goldenen Ehrenzeichens der NSDAP" hatte sich für eine Symbiose von Katholizismus und Nationalsozialismus stark gemacht und 1936 das Buch „Die Grundlagen des Nationalsozialismus" veröffentlicht. Aufgrund ausführlicher Berichterstattung der italienischen Presse über Hudals Tätigkeiten wurde er aus allen Ämtern enthoben, da man die katholische Kirche nicht als Fluchthilfeorgan betrachten sollte.

Eine Korrespondentin im Vatikan beschrieb dort zwei Strömungen. Die erste war eine kompromisslos deutschfeindliche, deren Vertreter die totale Zurückhaltung der Kirche aus dem zweiten Weltkrieg forderte, die Vertreter der zweiten wollten Hilfe bei der Wiederherstellung des europäischen Friedens leisten.

Es ist bis heute unklar, ob der Papst selbst in das Nazifluchthilfenetzwerk involviert war, oder die katholischen Unterstützer des Nationalsozialismus duldete. Ein Erklärungsansatz wäre, dass der Kommunismus für das Christentum eine große Bedrohung war und somit diejenigen, die ihn bekämpft hatten, es automatisch wert waren, vor politischer Verfolgung in Sicherheit gebracht zu werden.

Es gab viele Überläufer von der katholischen Kirche zum Nationalsozialismus. Subjektive Gründe lassen sich in der persönlichen Enttäuschung der Niederlage im I. Weltkrieg finden, also aus deren Augen die Versailler Schande, die mit der Unterzeichnung des Versailler Vertrags mit einher ging. Der Patriotismus, der Antiliberalismus oder die wilden 20er,

---

[15]BAUM, HANS, *Die apokalyptische Frau aller Völker*. 1983
[16]vgl. Akten aus vatikanischem Geheimarchiv

eine „Orgie von Dekadenz", zählen ebenfalls dazu, außerdem hatten sie einen gemeinsamen Feind: den Bolschewismus/Kommunismus.

Als Widerstand gegen die Ideale des Nationalsozialismus gilt der so genannte „Dekalog-Hirtenbrief"[17] vom September 1943, dessen Hauptaussage es war, dass Tötung in sich schlecht sei, auch wenn sie „an schuld- und wehrlosen Geistesschwachen und -kranken, an unheilbar Siechen und tödlich Verletzten, an erblich Belasteten und lebensuntüchtigen Neugeborenen, an unschuldigen Geiseln und entwaffneten Kriegs- oder Strafgefangenen, an Menschen fremder Rassen und Abstammung" angeblich im Interesse des Gemeinwohls verübt würde. Auch die Obrigkeit könne und dürfe nur „wirklich todeswürdige Verbrechen mit dem Tode bestrafen".[18]

Er war die erste und letzte gemeinsame Verlautbarung des Episkopats[19], in der sich die katholische Kirche, explizit durch Hinweise auf Menschenrechtsverletzungen, zu Verteidigern der Menschenrechte machte.[20]

Weitere Versuche folgten nicht. Auch Papst Pius XII. verwarf seinen Plan eines zweiten Hirtenbriefs, welchen er geplant hatte im „OSSERVATORE ROMANO"[21] abzudrucken, aus Angst vor möglichen Konsequenzen für die Kirche oder deren Angehörige. Das Nazi-Regime statuierte am kontinuierlichen Protest der katholischen Kirche in den Niederlanden durch die „Ermordung hunderter Katholiken mit jüdischer Herkunft" ein Exempel[22].

3.1 Moralisch-ethischer Aspekt

Die Verschwiegenheit des Papstes über die Judenvernichtung ist äußerst kritisch zu betrachten. Es stellt sich die Frage, warum ein Oberhaupt einer so mächtigen Institution nichts Konkretes gegen derartige Gräueltaten an den Menschenrechten unternommen hat. Fakt ist, dass sogar die aktive Zurückhaltung der Kirche durchaus als Mitschuld an den Verbrechen an der Menschheit zu werten ist, da eine Intervention nötig gewesen wäre.

Nach dem Krieg äußerten die deutschen Bischöfe sich dann am 23. August 1945 ausführlich zu Schuld und Verantwortung: "Wir beklagen es zutiefst: Viele Deutsche, auch aus unseren Reihen, haben sich von den falschen Lehren des Nationalsozialismus betören lassen, sind bei den Verbrechen gegen menschliche Freiheit und menschliche Würde

---

[17] Bei der Namensgebung des Hirtenbriefs wird dessen Wichtigkeit deutlich, da sich die Kritik an den Idealen des Nationalsozialismus argumentativ auf den Dekalog ((ursprünglich altgriechisch: dekálogos) Die Zehn Gebote/ Zehn Worte, auch Dekalog genannt, sind eine Reihe von Geboten und Verboten des Gottes Israels, JHWH, im Tanach, der Hebräischen Bibel) bezieht.

[18] VOLK, LUDWIG, *Akten deutscher Bischöfe über die Lage der Kirche.* 1985

[19] Das Episkopat (von lat. episcopatus) bezeichnet hier die Gesamtheit der Bischöfe einer Region oder der Weltkirche.

[20] STICKLER, WOLFGANG, *Pater Odilo Braun OP (1899-1981).* PDF, Oktober 1998 ⟨URL: http://www.dominikaner-braunschweig.de/sites/default/files/content/images/Dominikaner/odilo-braun.pdf⟩ – Zugriff am 3.11.2017

[21] Vatikanzeitung

[22] BROICH, FRANZISKA, *Eine Zeit großer Not.* domradio.de, Juli 2017 ⟨URL: https://www.domradio.de/themen/weltkirche/2017-07-26/der-hirtenbrief-von-1942-zeigt-die-klare-haltung-der-kirchen⟩ – Zugriff am 3.11.2017

gleichgültig geblieben; viele leisteten durch ihre Haltung den Verbrechen Vorschub, viele sind selber Verbrecher geworden."[23].

Auch durch diesen Entschuldigungsversuch lässt sich das Handeln der katholischen Kirchenmitglieder nicht verzeihen. Die gesamte Basis der Kirche als heilige Institution gerät ins Wanken, da zu Zeiten des Nationalsozialismus schwerwiegende Verfehlungen der katholischen Ethik zu verzeichnen sind.

4 Fallbeispiele

4.1 Josef Mengele

vgl. KELLER, SVEN, *Günzburg und der Fall Josef Mengele - Die Heimatstadt und die Jagd nach dem NS-Verbrecher.* 2003; KNOPP, GUIDO, *Hitlers Helfer II.* ZDF, 2005

4.1.1 Wissenschaftliche und parteiische Karriere bis 1943

Josef Mengele, welcher der Nachwelt als Todesengel von Auschwitz bekannt ist, wurde am 16.03.1911 als Ältester dreier Söhne des wohlhabenden Fabrikbesitzers Karl und Wally Mengele in Günzburg bei Ulm geboren. Er wuchs in einem konservativ-christlich und deutschnationalen Elternhaus auf und genoss eine ebenso gesinnte schulische Erziehung. Ab 1924 trat Mengele dem Großdeutschen Jugendbund bei, was zu sich vorprägend auf seine spätere Weltanschauung/ Besinnung auswirkte.

1930 begann er sein Medizinstudium in München, wechselte aber nach dem zweiten Semester nach Bonn, im Sommer 1932 bestand er das Physikum, woraufhin er im Frühjahr 1933 zurück nach München kehrte, um seine Promotion zum Doktor der Philosophie mit dem Thema „Rassenmorphologische Untersuchungen des vorderen Kieferabschnittes bei vier rassischen Gruppen" zu machen.

Im Oktober 1936 legte er seine erste Staatsprüfung ab, danach arbeitete vier Monate in der Kinderklinik der Uni Leipzig, bis er ab dem 1. Januar 1937 am Institut für Erbbiologie und Rassenhygiene tätig war. Josef Mengele heiratete Irene Schoenbein 1939, nachdem er sie in Leipzig kennen gelernt hatte.

Sein Vorgesetzter am Institut für Erbbiologie und Rassenhygiene war Prof. Ottmar Freiherr von Verschuer, welcher nach 1945 beteuerte er, er habe keinesfalls die "politische Berechtigung und Notwendigkeit des Antisemitismus bestritten, denn diese ergebe sich unabhängig von der Bewertung der Rasse der Juden (...) aus der Bedrohung unseres Volkes durch das Judentum". Er sah „jüdisch rassige" Menschen, wie später auch Mengele, lediglich als Versuchsobjekte seiner wissenschaftlichen Arbeit, und nicht als menschenwürdig an.

---

[23]HUMMEL, KARL-JOSEPH, *Die Stunde des Christentums.* Januar 2015 ⟨URL: http://www.katholisch. de/aktuelles/aktuelle-artikel/die-stunde-des-christentums⟩ – Zugriff am 3.11.2017

Mit Beendigung seines Medizinalpraktikums wurde er im September als Verschuers Assistenzarzt übernommen. 1938 folgte die zweite Promotion als Doktor der Medizin mit dem Thema „Sippenuntersuchungen bei Lippen-Kiefer-Gaumenspalte".[24]

Auf den im Mai 1937 gestellten Antrag zur Aufnahme in die NSDAP folgte ein Jahr später der Antrag zur Aufnahme in die SS. Mengele leistete seinen Wehrdienst von Oktober 1938 bis Januar 1939 beim Gebirgsjägerregiment 137/19. Kompanie Saalfeld in Tirol.

Am 15. Juni 1940 wurde der spätere KZ-Arzt zur Wehrmacht einberufen, ab diesem Zeitpunkt lässt sich Mengeles Werdegang nur schwer nachvollziehen. Laut der Offiziers-Karteikarte der SS-Akte Mengeles meldete dieser sich freiwillig für die Sanitäts-Inspektion der Waffen SS, wo er von August bis November stationiert war, danach wurde er zum Rassen-/Siedlungshauptamt versetzt. Nach seinem Einsatz in Polen in der Einwandererzentralstelle (EWZ) kam er zur SS Division Wiking, sein Studienfreund Kurt L., Truppenarzt bei der 198. Infanterie-Division, sah Mengele in der Ukraine als Teil einer „SS-Division mit dem Zeichen des Sonnenrades"[25], mutmaßlich war er dort also von Sommer 1941 bis Anfang 1943 gemeldet.

4.1.2 „Todesengel von Auschwitz" bis 1945

Das ursprüngliche, seit Mai 1940 existierende, Auschwitz-Lager[26] war eigentlich ein Konzentrationslager für überwiegend polnische Häftlinge. Es wurde nach dem Überfall auf die Sowjetunion am 22.6.1941 immer mehr zu einem Vernichtungslager ausgebaut und schließlich in 3 Gesamtkomplexe unterteilt[27]. Anfang September 1941 gab es die ersten Massenmorde mit Zyklon B[28] in provisorisch abgedichteten Arrestzellen überwiegend kranker und entkräfteter Häftlinge.

Ab dem 30. Mai 1943 wurde der Todesengel im Konzentrationslager Auschwitz als Wirtschafts-/Verwaltungshauptamt der SS, Amtsgruppe D III, Abteilung Sanitätswesen und Lagerhygiene, eingeteilt, da der Lagerarzt Benno Adolph an Scharlach erkrankte.[29]

Mengele war der leitende Lagerarzt für Zigeuner, dem SS-Standortarzt Eduard Wirths unterstellt, und formell für die medizinische Betreuung der Häftling zuständig. Eigentlich beinhaltete sein Aufgabenfeld aber den Vernichtungsprozess, also die Beaufsichtigung der

---

[24]vgl. Sippenuntersuchung nach Mengele

[25]KELLER, SVEN, *Günzburg und der Fall Josef Mengele - Die Heimatstadt und die Jagd nach dem NS-Verbrecher*. 2003, S.21

[26]1) Stammlager, 2) Auschwitz-Birkenau (untergliedert in drei Bauabschnitte), 3) Auschwitz-Monoitz eigentlich KL für polnische Häftlinge, nach Überfall auf die Sowjetunion am 22.6.1941

[27]Auschwitz I (Stammlager), Auschwitz II (Birkenau), Auschwitz III (Außenlager)

[28]Zyklon B ist die Bezeichnung für ein 1922 bei der Firma Degesch unter der Leitung von Fritz Haber entwickeltes Schädlingsbekämpfungsmittel, dessen Wirkstoff Blausäure als Gas aus Pellets austritt. Beim Menschen wird dieses Gas vorwiegend durch Einatmen wirksam, indem es nach wenigen Atemzügen die Zellatmung der Körperzellen zum Stillstand bringt (innere Erstickung). Zwischen 1942 und 1944 wurde es im Vernichtungslager Auschwitz-Birkenau in großem Umfang zu industriell organisiertem Massenmord benutzt.

[29]KELLER, SVEN, *Günzburg und der Fall Josef Mengele - Die Heimatstadt und die Jagd nach dem NS-Verbrecher*. 2003, S. 26

Vergasung, die Hinrichtungen, oder je nach Absprache mit dem Krankenhaus das Abspritzen, also die Tötung durch Phenolinjektionen[30], und die Ausstellung der jeweiligen gefälschten Todesscheine. Auch die Selektion an der Rampe gehörte zu Mengeles Tätigkeitsfeld, wobei er diese entweder mit einer lässigen Handbewegung/-zeichen durchführte, oder dabei eine Opernarie pfiff, wohingegen sich die meisten anderen Ärzte Aufputschmittel oder Alkohol einflößen mussten, um diese entmenschlichende Arbeit moralisch verkraften zu können[31].

Unter anderem führte er Zwangssterilisationen[32], ohne jegliche Erfahrung auf dem Gebiet, durch, die Häftlinge wurden lediglich als Mittel zum Fortbildungszweck gesehen; wer die Eingriffe tatsächlich überlebt hatte, wurde vergast.

Mengeles Steckenpferd war die Anthropologie, ganz besonders aber die Zwillingsforschung, wie auch das seines Mentors Verschuers. Er erstellte adäquate Fragebögen, führte Ankunftsuntersuchungen und Regeluntersuchungen sowie Versuche bzw. Operationen ohne Narkose, quasi als Schmerzempfindungstestung, durch. Beispielsweise hatte er vierjährige Zwillinge wie siamesische Zwillinge aneinander genäht, die Mutter erstickte später beide im Lager, um sie von ihren Qualen zu befreien.

Der Todesengel ließ Kindergärten mit Spielplätzen bauen und ordnete zusätzliche Verpflegung an, es wurde allerdings relativ schnell klar, dass dies nicht aus Nächstenliebe, sondern aus Propagandazwecken geschah, da bald Fotografen vorbei kamen um die Zustände in den Konzentrationslagern zu dokumentieren. Außerdem nutzte Mengele die Kindergärten als Rekrutierungsreservoir, um sich insgesamt 21000 Zwillinge als Forschungsobjekte herauszusuchen, von denen 2/3 an Mangelernährung und Seuchen starben.

Zu Beginn des Kriegsendes, von April bis August 1944, fand die Deportation arbeitsfähiger Insassen in andere Arbeitslager statt, die Übriggebliebenen wurden allesamt ermordet. Mengeles 24 "Zwillingsrestpaare" wollte dieser zunächst vergasen, allerdings war kein Zyklon B mehr vorhanden, weswegen er sie eigenhändig erschoss und danach noch sezierte.

4.1.3 Flucht ab 1945

Als die russischen Truppen Mitte Januar 1945 kurz vor Krakau, also knapp 50 km entfernt vom KZ Auschwitz waren, suchte Mengele während des letzten Abendappells seine Unterlagen zusammen und floh am 23./24. Januar mit 2 Kollegen von Auschwitz nach Berlin.

Auf Befehl von Dr. Lolling hin, Chef des Amtes D im Wirtschafts-/Verwaltungshauptamtes, begab sich Mengele nach Groß-Rosen, um dort als SS-Standortsarzt zu agieren[33]. Am 8./9.

---

[30]Phenol ist eine aromatische, organische Verbindung und besteht aus einer Phenylgruppe, an die eine Hydroxygruppe gebunden ist. Der farblose, kristalline Feststoff ist eine wichtige Industriechemikalie und dient als Zwischenprodukt besonders zur Herstellung diverser Kunststoffe.
[31]Aussage: Ella Lingens, Häftlingsärztin
[32]Entfernung von Hoden/Eierstöcken
[33]vgl. Schreiben Josef Mengeles an die Reichsärztekammer

Februar begann auch dort die Evakuierung des Lagers durch SS-Mitarbeiter, am 13.2 kam es dort ebenfalls zur Befreiung durch die Rote Armee. Josef Mengele, der zu diesem Zeitpunkt im Außenlager Reichenau war, schloss sich am 2. Mai 1945, nach der Evakuierung der übrigen Außenlager Ende April, dem Wehrmachtlazarett 2/591 mit Wehrmachtsuniform in Saaz, Nordböhmen, an[34].

Mitte Juni des Jahres 1945 trat die Einheit, auf Befehl der Amerikaner hin, den Rückzug nach Westen an. Alle Soldaten ohne Papiere kamen vorerst ins Lager Schauenstein bei Hof. Dort wurde eine Internierung vorgenommen; wer keine Blutgruppen-Tattoowierung wie SS-Mitarbeiter hatte, wurde, wie auch Mengele in der ersten Augustwoche, entlassen[35].

Sein Name stand zwar weit oben auf der Liste der Kriegsverbrecher, aber die Nachricht, dass er sich im Lager Schauenstein befand, erreichte die Amerikaner wegen der chaotischen Nachkriegsverhältnisse nicht rechtzeitig.

Mit einem gefälschten Pass floh er als Fritz Hollmann Mitte August über Ingolstadt ins 50km entfernte Donauwörth zu seinem ehemaligen Schulfreund Albert Miller. Von dort aus kehrte er für kurze Zeit in seine Heimatstadt zurück und fing ab Anfang/Mitte Oktober als Knecht auf dem Lechnerhof in Mangolding, gelegen zwischen Rosenheim und dem Chiemsee, zu arbeiten an.

Am 1. August 1948 verließ er den Lerchenhof und kehrte kurzzeitig nach Günzburg zurück, um sich 7000 DM und einen gefälschten Pass bei seiner Familie abzuholen.

Hans Ulrich-Rudel, ehemaliges Fliegerass der Luftwaffe und Mitglied im Kameradenwerk, eine Organisation zur Fluchterleichterung von Nazis, verhalf ihm zu seinem geplanten Aufbruch am 15. April 1949 nach Südamerika. Er nahm die Brennerroute, begab sich also über den Brenner über Italien nach Sterzing. Dort erhielt er von Kontaktmännern des Kameradenwerks erneut einen falschen Pass.

Von Bonzen aus zog Mengele als Helmut Gregor weiter nach Genua, um sich vom Schweizer Konsulat einen Rotkreuzpass ausstellen zu lassen. Wegen versuchter Bestechung eines Beamten und gefälschten Papieren wurde er kurzzeitig verhaftet, da sich der korrupte Kontaktmann der Polizei im Urlaub befand. Bei dessen Rückkunft wurde Josef Mengele umgehend frei gelassen. Hier entwischte er der Justiz ein weiteres Mal.

Am 25. Mai 1949 bestieg er die „North King", ein Passagierschiff nach Buenos Aires. Zunächst kam er beim Nazi-Sympathisanten Gerald Malbranc unter, durch den er in der rechtsextremen Szene Hans-Ulrich Rudel, Willem Sassen und noch viele weitere gleichgesinnte Kameraden kennen lernte. Er kaufte sich mit familiärer finanzieller Unterstützung ein Appartement sowie ein Auto. Im Juli folgte die Scheidung von Irene.

Nach dem Sturz Peróns 1955, welcher die Nationalsozialisten im Land bisher immer geduldet, beziehungsweise sogar wohlwollend aufgenommen hatte, wurde Mengele paranoid

---

[34]KELLER, SVEN, *Günzburg und der Fall Josef Mengele - Die Heimatstadt und die Jagd nach dem NS-Verbrecher.* 2003, S. 44

[35]KELLER, SVEN, *Günzburg und der Fall Josef Mengele - Die Heimatstadt und die Jagd nach dem NS-Verbrecher.* 2003, S. 46

und beklagte sich in seinen Tagebucheinträgen stetig über die Angst einer möglichen Verhaftung.

Im Jahr darauf wurde ein Treffen mit Josefs verwitweter Schwägerin Martha in Genf arrangiert, welche er am 28. Juli 1958 heiratete. Mengele erteilte ihr kurz nach der Hochzeit die Generalvollmacht über sein gesamtes Vermögen, da er eine Strafanzeige befürchtete. Diese wurde eine Woche später, am 3. August, von Ernst Schnabel, einem deutschen Schriftsteller, tatsächlich aufgegeben. Am 25. Februar 1959 erfolgte der Haftbefehl.

Da Paraguay kein Auslieferungsabkommen der eigenen Staatsangehörigen mit den europäischen Staaten hatte und der Diktator deutschstämmig, sowie ein Freund von Hans-Ulrich Rudel war, beschloss Mengele dorthin zu flüchten. Seine erste Anlaufstelle war Armand Reinaerts, ein belgischer „Nazisympathisant". Ab Mai 1959 kam er auf der Farm seines Bekannten Alban Krugs unter, bis er am 29.11.1959 als José Mengele ein offizieller Staatsbürger war. Im April 1960 traf er sich ein letztes Mal mit Martha wegen finanzieller Unterstützung.

Als er von Eichmanns Entführung durch den Mossad im darauffolgenden Monat erfuhr, steigerte sich seine Paranoia und er brach mit einem brasilianischen Pass als Peter Hochbichler nach Brasilien auf. Den Fluchtverlauf hatte erneut Hans-Ulrich Rudel geplant[36].

Wolfgang Gerhard, Vertreter des Kameradenwerks in Sao Paolo, war sein Ansprechpartner vor Ort. Durch die Voruntersuchungen zum Frankfurter Auschwitzprozess rückten die Details über Mengeles Gräueltaten durch Reportagen, Zeitschriftartikel oder Bücher immer mehr in den Focus der Öffentlichkeit. Durch Eichmanns Hinrichtung am 1. Juni 1961 in Tel Aviv sowie Mengeles wissenschaftliche Degradierung, also die Aberkennung beider Doktorgrade 1964, verschlechterte sich sein psychischer Zustand, was in seinen Tagebucheinträgen deutlich wird.

Nachdem er allerdings im Deutschen Club die Familie Bossert kennen gelernt hatte, wurden Mengele und Herr Bossert gute Freunde. Sie unternahmen zusammen Spaziergänge, Naturstudien, veranstalteten Lektüreabende sowie Schallplattenkonzerte. Seine letzten Jahre verbrachte der ehemalige KZ-Arzt entspannt und ohne große Aufregungen, bis er durch einen Schlaganfall beim Meeresbaden am 7.02.1979 ertrank. Sein Tod wurde vorerst geheimgehalten, um seine Fluchthelfer zu schützen.

4.1.4 Charakteranalyse

Ella Lingens, eine Häftlingsärztin aus Auschwitz, sagte aus, er sei kein Sadist gewesen, "denn das Wesen eines Sadisten ist es ja, dass er an dem Schmerz seiner Opfer Freude hat. Bei Mengele hatte man das Gefühl, dass er gar nicht merkt diesen Schmerz, der fällt ihm gar nicht auf. Sondern die Häftlinge waren für ihn Meerschweinchen, Ratten, mit deren Seelenleben man sich überhaupt gar nicht beschäftigt", er hatte „diese völlig

---

[36]KELLER, SVEN, *Günzburg und der Fall Josef Mengele - Die Heimatstadt und die Jagd nach dem NS-Verbrecher*. 2003, S. 55

distanzierte Haltung, die man zu seinem Material hat"[37]. „Ohne Gnade" oder schlechtes Gewissen habe er seinem wissenschaftlichen Tatendrang nachgegeben oder seine Befehle befolgt, aber "körperlich misshandelt hat er die Kranken nicht"[38].

Bei der Inaugenscheinnahme an der Selektionsrampe oder der Listenführung mit Diagnosen und Prognosen der Häftlinge betrachtete er diese immer nur als Nummern und verwehrte seinen „Versuchsobjekten" somit jegliche Art von Menschlichkeit. Es lässt sich eindeutig feststellen, dass Mengele seine Arbeitsaufträge ohne Skrupel oder Pedanterie durchgeführt hat, es muss ihm jegliche Art von Empathie gefehlt haben.

Das Bewusstsein, über Leben und Tod zu entscheiden plagte ihn laut seiner Tagebucheinträge weder während der Ausführung seiner Arbeit, noch in den darauffolgenden Jahren.

4.2 Erich Priebke

vgl. ECHEVERRÍA, CARLOS, *Pakt des Schweigens: Das zweite Leben des Erich Priebke (Teil 1)*. WDR, 2003-2005 ⟨URL: https://www.youtube.com/watch?v=GK_MPmD2IyY⟩ – Zugriff am 3.11.2017; ECHEVERRÍA, C., *Pakt des Schweigens: Das zweite Leben des Erich Priebke (Teil 2)*. WDR, 2003-2005 ⟨URL: https://www.youtube.com/watch?v=tJzH1_jwnas⟩ – Zugriff am 3.11.2017; ECHEVERRÍA, C., *Pakt des Schweigens: Das zweite Leben des Erich Priebke (Teil 3)*. WDR, 2003-2005 ⟨URL: https://www.youtube.com/watch?v=aTOSnKIyzes&t=1s⟩ – Zugriff am 3.11.2017; ECHEVERRÍA, C., *Pakt des Schweigens: Das zweite Leben des Erich Priebke (Teil 4)*. WDR, 2003-2005 ⟨URL: https://www.youtube.com/watch?v=giCOA4kZkWw⟩ – Zugriff am 3.11.2017; ECHEVERRÍA, C., *Pakt des Schweigens: Das zweite Leben des Erich Priebke (Teil 5)*. WDR, 2003-2005 ⟨URL: https://www.youtube.com/watch?v=j0zKh96q-K4⟩ – Zugriff am 3.11.2017; SPIEGEL, *Vor 20 Jahren: Erich Priebke vor Gericht*. SpiegelTV, Juli 2016 ⟨URL: https://www.youtube.com/watch?v=6DuXUbNnKAE⟩ – Zugriff am 3.11.2017

4.2.1 Karriere bis 1943

Erich Priebke wurde am 29.07.1913 in Henningsdorf, einer Provinz in Brandenburg, Nähe Berlin geboren. Seit 1933 gehörte er der NSDAP an. Er arbeitete bis 1935 in verschiedenen Hotels in Europa und wurde nach seiner Rückkehr nach Deutschland Dolmetscher für Italienisch im Presseamt der Gestapo, da er als gelernter Hotelfachmann fließend Italienisch sprach.

Bald darauf wurde er verbeamtet und arbeitete ab Februar 1941 im Kriminaldienst der Gestapo als Verbindungsoffizier zur italienischen Polizei. Dort war er für den Kontakt zu anderen Polizeidiensten, vor allem mit dem faschistischen Italien, zuständig. Später wurde

---

[37]KELLER, SVEN, *Günzburg und der Fall Josef Mengele - Die Heimatstadt und die Jagd nach dem NS-Verbrecher*. 2003, S.64
[38]ebd.

Priebke Herbert Kapplers rechte Hand, Kommandant der Sicherheitspolizei (SiPo) und des SD in Rom, in dessen Aufgabegebiet die Deportation der Juden fiel.

In der Kommandozentrale in Rom, in der Via Tasso, wo Erich Priebke sein Büro hatte, ist heute ein Museum. In den meisten Verhörräumen lässt sich die Zumauerung der Fenster feststellen, es sind lediglich kleine Löcher in die Wände gebohrt worden. Derartige physische und psychische Folter sind typische Verhörmethoden der SS gewesen.

4.2.2 Massaker in den ardeatinischen Höhlen

vgl. ECHEVERRÍA, CARLOS, *Pakt des Schweigens: Das zweite Leben des Erich Priebke (Teil 1).* WDR, 2003-2005 ⟨URL: https://www.youtube.com/watch?v=GK_MPmD2IyY⟩ – Zugriff am 3.11.2017

Nach Mussolinis Sturz und seiner Verhaftung am 25. Juli 1943 wurde Italien von der deutschen Wehrmacht eingenommen. In der Via Rasella wurde am 23. März 1944 eine Bombe von kommunistischen Widerstandskämpfern ferngezündet, die 33 Soldaten einer SS-Polizeigrenadierdivision, sowie zwei unbeteiligte italienische Passanten, tötete. Als Vergeltungsmaßnahme für dieses Attentat wurden mit Hitlers Zustimmung, auf Kapplers Vorschlag hin, für jeden verstorbenen Deutschen 10 Geiseln getötet. Die Tötung erfolgte durch einen Genickschuss, wobei die Opfer mit auf den Rücken gebundenen Händen mit Gesicht zum Boden knieten.

Dafür wurden 130 Gefangene einer wahllos zusammengestellten Hinrichtungsliste des Regina-Coeli-Gefängnis[39] zu den ardeatinischen Höhlen verschleppt. Darunter befanden sich Angehörige des italienischen Militärs, Juden, Partisanen und auch deren Kinder. Die damalige Gefangene Vera Salomon[40], beschrieb den Vorgang wie folgt: "Sie kamen in das Gefängnis mit einer Liste, sie schrien pausenlos, weil sie nicht sicher wussten, wo die jeweiligen Gefangenen saßen, die sie mitnehmen sollten. Sie arbeiteten sich von unten nach oben durch und sammelten sie einzeln ein. Zu den Schreien kamen die Geräusche der Zelltüren dazu, die auf und wieder zu gingen. Sie holten den einen runter und liefen gleich wieder los um den nächsten auf der Liste zu suchen. (...) Als sie alle Gefangenen zusammen hatten war es absolut still, weil keiner von ihnen sprechen, noch sich bewegen durfte."[41].

Priebke war ein Beteiligter des Massakers, bis zum Kriegsende 1945 diente er im Dienstgrad eines SS-Hauptsturmführers.

---

[39]das bekannteste, zentralste Gefängnis Roms in der Via della Lungara 29

[40]damalige Partisanin ((italienisch partigiano „Parteigänger") bewaffnete Kämpferin, die nicht zu den regulären Streitkräften gehört)

[41]ECHEVERRÍA, C., *Pakt des Schweigens: Das zweite Leben des Erich Priebke (Teil 5).* WDR, 2003-2005 ⟨URL: https://www.youtube.com/watch?v=j0zKh96q-K4⟩ – Zugriff am 3.11.2017

4.2.3 Flucht nach Argentinien und späterer Lebensverlauf

Priebke verbrachte nach dem Krieg 20 Monate in Italien in englischer Kriegsgefangenschaft. Nach seiner Flucht aus dem Lager bei Rimini 1946 lebte er bis zum Oktober 1948 unbekümmert bei seiner Familie in Sterzing/Südtirol, wo er die Buchhaltung für die katholische Gemeinde machte.

Anschließend versteckte er sich mit Hilfe von Bischof Alois Hudal im Franziskanerkloster Bozen. Dort wurde ihm ein Reisepass als lettischer „Otto Pape" verschafft, mit dem er über die Rattenlinie von Genua mit dem Passagierschiff „San Georigo" nach Argentinien floh. Bald lebte er wieder unter seinem echten Namen mit gültigen argentinischen Papieren in Bariloche, im Süden Argentiniens.[42]

Priebke fand eine Anstellung als Kellner im wichtigsten Hotel der Stadt, dem „Bella vista", welches der österreichischen Familie Sauter gehörte. Inés Sauter sagte über ihn, dass er als Oberkellner/Chef des Servicepersonal gut in der Ausbildung der Mitarbeiter war. Er achtete auf Ästhetik und Hygiene und war stets streng im Umgang mit Untergebenen, damit sie ihm Respekt und Gehorsam zollten.

In der sogenannten „deutschen Schule" wurden die Kinder der deutschen Neuankömmlinge im Gebäudekomplex der alten deutschen Schule ausgebildet. Das Leitungskomitée bestand aus Alteingesessenen der Stadt, sie bestimmten ebenfalls über die politische und kulturelle Ausrichtung des vermittelten Schulbildung. Von der Leitung wurde ein Antrag auf einen Lehrer aus der BRD an die deutsche Botschaft in Buenos Aires gestellt. Daraufhin wurde ihnen Herbert Best, ehemaliges Mitglied der HJ und Offizier der Wehrmacht, geschickt. In der Schulbibliothek fanden sich Bücher wie „Mein Kampf" von Adolf Hitler oder „Pimpf im Dienst"[43], welche der Schulvorstand als "beste deutsche Schrifttümer" betitelte. Bei diversen Festivitäten wuchs die deutsche Gemeinschaft fest zusammen. Ohne ihre Vergangenheit zu hinterfragen hatten die Alteingesessenen die Neuankömmlinge aufgenommen[44]. Erich Priebke war stets in den deutschen Gesellschaften vertreten. Der Hang zum Nationalsozialismus von argentinischer Seite aus ist deutlich zuerkennen.

Jorge Priebke, Erichs Sohn, beschrieb ihn als zielgerichteten strengen Vater, der keine Fehler duldete und der Familie nur wenig Anerkennung schenkte. Carlos Echeverría besuchte als kleiner Junge Priebkes Lebensmittelladen im deutschen Viertel und beschrieb, dass Priebkes Blick ihm Angst mache, „ebenso seine Gesten, seine Art sich hinter der Theke zu bewegen". Priebke scheint ein charakterlich sehr harter, kühler und emotionsloser Mann gewesen zu sein, wenn sogar fremde Kinder nur durch seine Körpersprache Angst bekommen haben.[45]

---

[42]ECHEVERRÍA, CARLOS, *Pakt des Schweigens: Das zweite Leben des Erich Priebke (Teil 1)*. WDR, 2003-2005 ⟨URL: https://www.youtube.com/watch?v=GK_MPmD2IyY⟩ – Zugriff am 3.11.2017
[43]Handbuch für das Deutsche Jungvolk in der HJ von der Reichsjugendführung
[44]ECHEVERRÍA, C., *Pakt des Schweigens: Das zweite Leben des Erich Priebke (Teil 3)*. WDR, 2003-2005 ⟨URL: https://www.youtube.com/watch?v=aT0SnKIyzes&t=1s⟩ – Zugriff am 3.11.2017
[45]ECHEVERRÍA, C., *Pakt des Schweigens: Das zweite Leben des Erich Priebke (Teil 2)*. WDR, 2003-2005 ⟨URL: https://www.youtube.com/watch?v=tJzH1_jwnas⟩ – Zugriff am 3.11.2017

Während ein Mausoleum zum Gedenken an die Mordopfer der ardeatinischen Höhlen am 30 jährigen Gedenktag aufgestellt wurde, führte Erich Prieke, mittlerweile Präsident des Schulvorstandes und Repräsentant der deutschen Gemeinde, ein sorgenfreies und unbeschwertes Leben.

1992 bekam die deutsche Schule Besuch von der deutschen Bundestagsdelegation. Carlos Echeverría machte den Bundestagsabgeordneten Günther Tietchen auf Priebke und dessen Vergangenheit aufmerksam. Dieser erwiderte, dass "sich da nichts machen ließe, (da) es selbst im deutschen Bundestag ehemalige SS-Leute gäbe".[46]

Auch Hans Lubos, ehemaliger Kulturreferent der deutschen Botschaft in Buenos Aires, wusste von Priebkes Vergangenheit, da dieser ihm von seiner Zeit als Offizier der Waffen SS erzählt hatte und, dass das für ihn die "schönste Zeit" seines Lebens gewesen sei. Lubos sagte über ihn, er verkörpere nach wie vor „die damaligen Ideale des Nationalsozialismus, den Glaube an den Führer, Volkstumsgedanke".[47]

Der „Pakt des Schweigens" um Erick Priebke herum schien nach wie vor undurchdringlich zu sein, Priebke hatte als hochangesehenes Mitglied seinen Höhepunkt in der deutschen Gemeinschaft erreicht.

4.2.4 Priebkes Prozess ab 1995

Als Sam Donaldson, Reporter vom amerikanischen Fernsehen, auf der Suche nach Kriegsverbrechern Reinhard Kopps fand, lenkte dieser von sich ab und verriet den Journalisten Priebkes Aufenthaltsort.

In einem Interview beantwortete Priebke die Frage, warum er die unschuldigen Geiseln in den ardeatinischen Höhlen erschossen habe: "You know, that was our order (...) in the war. You know that that kind of things happend". Auf die Frage hin, ob er ein Kriegsverbrecher sei antwortete er: "No, I never killed a man because he was a Jude". Er zeigte keinerlei Verständnis für moralisch-ethisch korrektes Handeln oder Menschlichkeit.

Um sich vor der Ausstrahlung des amerikanischen Interviews für seine Taten zu rechtfertigen bat Priebke Vertreter der lokalen argentinischen Presse um eine Pressekonferenz. Er habe, wie er in dem Interview beteuerte, „nie, oder fast nie als exekutive Kraft gearbeitet, nur in den letzten Kriegsjahren". Auch sei er „nicht im aktiven Dienst" gewesen oder habe als Polizist (der SS) gearbeitet.[48] Sein Auftrag in den ardeatinischen Höhlen sei "muy dura pero justo"[49] gewesen.

---

[46]ECHEVERRÍA, C., *Pakt des Schweigens: Das zweite Leben des Erich Priebke (Teil 3)*. WDR, 2003-2005
⟨URL: https://www.youtube.com/watch?v=aTOSnKIyzes&t=1s⟩ – Zugriff am 3.11.2017
[47]ECHEVERRÍA, C., *Pakt des Schweigens: Das zweite Leben des Erich Priebke (Teil 4)*. WDR, 2003-2005
⟨URL: https://www.youtube.com/watch?v=giCOA4kZkWw⟩ – Zugriff am 3.11.2017
[48]orginal: „Nunca o casi nunca solamente los ultimos anos de la guerra yo ha actuado como exekutivo. No estuve en la calle o no trabajado como policia"
[49]Übersetzung: sehr hart(-herzig) aber gerecht

Priebke wurde daraufhin in Argentinien wegen eines deutschen Auslieferungsantrag unter Hausarrest gestellt.

1994 wurde unter ca. 2.280 Fällen von vergessenen NS-Kriegsverbrechen in Italien im Zweiten Weltkrieg auch Priebkes Akte vom Militärstaatsanwalt Antonino Intelisan gefunden. Daraufhin wurde der 82 jährige Priebke im November 1995 nach Italien überstellt. In Rom wurde Priebke in seinem Prozess wegen „Mittäterschaft bei der Hinrichtung von 335 Personen am 24.03.1944 in den ardeatinischen Höhlen zu deutscher Besatzungszeit in Italien" am 15. Oktober 1996 zu 15 Jahren Haft verurteilt. Letztendlich aber wurde für ihn im Frühjahr 1998 von einem Militär-Berufsgericht in Rom lebenslange Haft ausgesprochen, die aufgrund seines angeschlagenen Gesundheitszustands in Hausarrest umgewandelt wurde.

4.2.5 Alternativlösung zur Flucht

Am 3. Mai 1948 wurde der Prozess gegen Kappler, welcher sich freiwillig in englische Gefangenschaft begeben hatte, und fünf seiner Untergebenen eröffnet. Er nahm die ganze Verantwortung auf sich, woraufhin ihm am 20. Juli 1948 eine lebenslange Haftstrafe auferlegt wurde. Die übrigen fünf Angeklagten, darunter drei SS-Offiziere, wurden freigesprochen. Wäre Priebke damals unter den Angeklagten gewesen, so wäre ihm höchstwahrscheinlich ebenfalls ein Freispruch zugesprochen worden.

4.3 Résumé

Die Frage, die der Staatsanwalt Willi Dreßen aufwirft, wie speziell Ärzte, deren Aufgabe es doch sei Leben zu erhalten, sich an diesen offensichtlich ungesetzlichen und vor allem gegen jegliche Menschenrechte verstoßenden Tötungen beteiligen konnten, ist durchaus berechtigt.[50] Der Erklärungsansatz, wie Keller ihn formuliert, dass "überindividuelle, generationsspezifische Prägungen (...) für die individuelle Disposition dieser Täter"[51] verantwortlich seien, muss hinterfragt werden.

Durch die Zugehörigkeit der gleichen Altersgruppe als gemeinsamer Faktor ist anzunehmen, dass die Nachkriegserlebnisse des I. Weltkrieges in früher Kindheit wohl prägend gewesen sind. Gemeint sind damit die vorherrschende Härte, Sachlichkeit und Emotionslosigkeit im Elternhaus sowie in der Institution Schule.

---

[50]KLEE, ERNST, *Was sie taten - Was sie wurden*. 1986, Geleitwort

[51]KELLER, SVEN, *Günzburg und der Fall Josef Mengele - Die Heimatstadt und die Jagd nach dem NS-Verbrecher*. 2003, S. 90

5 Die Gerechtigkeitsfrage - bezogen auf den Umgang mit Kriegsverbrechern in Deutschland nach 1945

vgl. WÜRZ, MARKUS/BAGHDADY, ANNE, *Nürnberger Prozesse.* Lebendiges Museum Online, Stiftung Haus der Geschichte der Bundesrepublik Deutschland, August 2017 〈URL: http://www.hdg.de/lemo/kapitel/nachkriegsjahre/entnazifizierung-und-antifaschism nuernberger-prozesse.html〉 – Zugriff am 3.11.2017; GLIENKE, STEPHAN ALEXANDER, *Der Dolch unter der Richterrobe.* zeitgeschichte-online.de, Dezember 2012 〈URL: http://www.zeitgeschichte-online.de/thema/der-dolch-unter-der-richterrobe-0# _ftn15〉 – Zugriff am 3.11.2017

Der von den Alliierten Anfang August 1945 ins Leben gerufene Internationale Militärgerichtshof ermittelte in Nürnberg die Schuld von Hauptkriegsverbrechern und nationalsozialistischen Organisationen. Er war somit unmittelbar für die Verurteilung von Kriegsverbrechen, Verbrechen gegen die Menschlichkeit und den Frieden zuständig. Viele der Kriegsverbrecher aber entzogen sich ihrem Prozess, wie beispielsweise bereits dargelegt Josef Mengele oder Erich Priebke.

Am 20. November 1945 gab es den ersten Nürnberger Prozess gegen 24 Hauptkriegsverbrecher, nach fast einem Jahr Verhandlungsdauer wurden am 1. Oktober 1946 12 Angeklagte zum Tode verurteilt und hingerichtet. Unter anderem befand sich darunter der ehemalige Außenminister Joachim von Ribbentrop. Sieben der Angeklagten - beispielsweise Rudolf Heß, Baldur von Schirach und Albert Speer - erhielten langjährige oder lebenslange Haftstrafen.

Ferner wurden bis 1949 zwölf Prozesse gegen deutsche Ärzte, Juristen, Industrielle, SS- und Polizeiführer oder Beamte geführt. Von 185 Anklagen wurden 177 Urteile gesprochen, wovon 142 Haftstrafen oder Todesurteile waren.

Auch viele der Justizbeamten selbst waren der Mittäterschaft des Nationalsozialismus schuldig, da sie zu Gunsten von Nationalsozialisten urteilten. Beispielsweise verschafften sie diesen vor Gericht einen Vorteil oder bestraften „Partei-/Staatsfeinde", wie Kommunisten oder Partisanen, vergleichsweise härter.

Der Rechtfertigungsgrund, dass sich die Rechtsvertreter zu Zeiten des NS-Regimes gar nicht anders hätten verhalten können, mit dem viele Juristen nach 1945 versucht haben sich schuldfrei zu sprechen, war unwirksam. Es gab nämlich durchaus Justizjuristen, die dem Unrecht widerstanden haben, zwar hatten sie mit starken Repressalien zu rechnen, blieben aber ihrem ethischen Leitfaden als Diener der Gerechtigkeit treu.

Waren die Nürnberger Prozesse und die damit einher gehenden Strafen eine unangebrachte, gerechtfertigte oder zu schwach ausfallende Konsequenz? Was wäre ein alternativer, besserer Umgang mit Personen, die den Tod von tausenden Menschen zu verantworten hatten, gewesen? Hätte man die Mittäter auch zur Rechenschaft ziehen sollen?

Menschenversuche, wie sie Mengele und viele andere Ärzte durchgeführt hatten, oder Massaker, wie in den ardeatinischen Höhlen, bei dem Erich Priebke beteiligt war, kann man generell nie rechtfertigen.

Die Frage, ob es der Justiz im Nachhinein gelungen ist die Täter angemessen zu bestrafen, ist bis heute ein umstrittener Punkt. Die Todesstrafe für die „ganz großen Kriegsverbrecher" war, meiner Meinung nach, ein adäquates Urteil. Um Personen wie Mengele oder Priebke ausfindig machen zu können, hätten aber härtere Maßnahmen ergriffen werden müssen.

Wer genau war eigentlich ein Mittäter? Jeder, der Mitglied der NSDAP war, der ein Hitler-Portrait oder Hakenkreuzfahne im Haus hatte? Oder sogar jeder, der nicht aktiv gegen den Nationalsozialismus vorgegangen war? Eine explizite Antwort auf diese Frage lässt sich nicht finden.

Wenn man heute an die Nürnberger Gesetze[52] denkt, dann kommt einem der Inhalt absurd vor, nie könnte man solche Verordnungen akzeptieren. Allerdings ist der Stellungswert der Ministerialbeamten und Juristen zur Zeit des „Dritten Reiches" in der Gesellschaft zu beachten. Das deutsche Volk war die Monarchie als Staatsform, in welcher der König oder Kaiser als Oberhaupt nicht angezweifelt werden durfte, über Jahrhunderte hinweg gewohnt. In den Köpfen der Bevölkerung hatte die Regierung und deren Erlässe um 1930 noch immer eine sehr große Bedeutung.

Irrelevant aus welchen Gründen - ob wegen der Vertrautheit der Monarchie als Staatsform, oder der miserablen Nachkriegszustände des I. Weltkriegs, zum Beispiel die mit einhergehende Weltwirtschaftskrise in 1929 - ist die Duldung der Kriegsverbrechen, wie es sie zu Zeiten des NS-Regimes gegeben hatte, aus heutiger Sicht keinesfalls denkbar, sogar absolut verwerflich. Hierbei berufe ich mich auf Absatz zwei des ersten Artikels des Grundgesetzes der Bundesrepublik Deutschland:

(2) Das Deutsche Volk bekennt sich zu unverletzlichen und unveräußerlichen Menschenrechten als Grundlage jeder menschlichen Gemeinschaft, des Friedens und der Gerechtigkeit in der Welt.

---

[52]Gemeint sind das Reichsbürgergesetz, welches die deutsche Bevölkerung in „Staatsangehörige deutschen oder artverwandten Blutes" und in „Angehörige rassefremden Volkstums" unterteilt, sowie das Blutschutzgesetz, zum Schutze des deutschen Blutes und der deutschen Ehre.

6 Abbildungsverzeichnis

6.1 Josef Mengele

Aus urheberrechtlichen Gründen wurden die
Abbildungen von der Redaktion entfernt.

Josef Mengele im Alter von ca. 20-35
Jahren, zu Dienstzeiten in der SS.
Quelle:
https://historyandtheholocaust.wordpress.com/2014/06/04/josef-mengele/

Josef Mengele im Alter von ca. 60-70
Jahren, auf der Flucht.
Quelle:
http://www.whosdatedwho.com/dating/josef-mengele

6.2 Erich Priebke

Erich Priebke im Alter von ca. 20-30
Jahren, zu Dienstzeiten der SS in Rom.
Quelle:
http://www.erich-
priebke.de/lebenslauf.html

Erich Priebke im Alter von ca. 70-80
Jahren, zu Zeiten seines Hausarrests.
Quelle:
http://cdn1.spiegel.de/images/image-
558178-galleryV9-omyc-558178.jpg

7 Quellen- und Literaturverzeichnis

Literatur

BAUM, HANS: *Die apokalyptische Frau aller Völker.* 1983, S 189: Öhne Durchschlag - Streng reservat! Nur für den Führer bestimmt "vom "14. August 1943".

BILDUNG, LANDESZENTRALE FÜR POLITISCHE: *Der 8. Mai 1945 - Kriegsende.* Landeszentrale für politische Bildung ⟨URL: https://www.lpb-bw.de/kriegsende.html⟩ – Zugriff am 3.11.2017.

BROICH, FRANZISKA: *Eine Zeit großer Not.* domradio.de, Juli 2017 ⟨URL: https://www.domradio.de/themen/weltkirche/2017-07-26/ der-hirtenbrief-von-1942-zeigt-die-klare-haltung-der-kirchen⟩ – Zugriff am 3.11.2017.

ECHEVERRÍA, C.: *Pakt des Schweigens: Das zweite Leben des Erich Priebke (Teil 2).* WDR, 2003-2005 ⟨URL: https://www.youtube.com/watch?v=tJzHl_jwnas⟩ – Zugriff am 3.11.2017.

ECHEVERRÍA, C.: *Pakt des Schweigens: Das zweite Leben des Erich Priebke (Teil 3).* WDR, 2003-2005 ⟨URL: https://www.youtube.com/watch?v=aTOSnKIyzes&t=1s⟩ – Zugriff am 3.11.2017.

ECHEVERRÍA, C.: *Pakt des Schweigens: Das zweite Leben des Erich Priebke (Teil 4).* WDR, 2003-2005 ⟨URL: https://www.youtube.com/watch?v=giCOA4kZkWw⟩ – Zugriff am 3.11.2017.

ECHEVERRÍA, C.: *Pakt des Schweigens: Das zweite Leben des Erich Priebke (Teil 5).* WDR, 2003-2005 ⟨URL: https://www.youtube.com/watch?v=j0zKh96q-K4⟩ – Zugriff am 3.11.2017.

ECHEVERRÍA, CARLOS: *Pakt des Schweigens: Das zweite Leben des Erich Priebke (Teil 1).* WDR, 2003-2005 ⟨URL: https://www.youtube.com/watch?v=GK_MPmD2IyY⟩ – Zugriff am 3.11.2017.

FELDKAMP, MICHAEL: *Mitläufer, Feiglinge, Antisemiten? - Katholische Kirche und Nationalsozialismus.* [1]2009.

GIEFER, RENA/GIEFER, THOMAS: *Die Rattenlinie - Fluchtwege der Nazis : eine Dokumentation.* 1992.

GLIENKE, STEPHAN ALEXANDER: *Der Dolch unter der Richterrobe.* zeitgeschichte-online.de, Dezember 2012 ⟨URL: http://www.zeitgeschichte-online.de/thema/der-dolch-unter-der-richterrobe-0#_ftn15⟩ – Zugriff am 3.11.2017.

GRAÉ, ANN-CHRISTIN: *Die katholische Kirche und die so genannte Rattenlinie - Der Vatikan als Fluchthelfer für Naziverbrecher.* 2011.

HUMMEL, KARL-JOSEPH: *Die Stunde des Christentums*. Januar 2015 ⟨URL: http://www.katholisch.de/aktuelles/aktuelle-artikel/ die-stunde-des-christentums⟩ – Zugriff am 3.11.2017.

KALTEFLEITER, WERNER/OSCHWALD, HANS PETER: *Spione im Vatikan die Päpste im Visier der Geheimdienste*. 2006.

KELLER, SVEN: *Günzburg und der Fall Josef Mengele - Die Heimatstadt und die Jagd nach dem NS-Verbrecher*. 2003.

KLEE, ERNST: *Was sie taten - Was sie wurden*. 1986.

KLEE, ERNST: *Persilscheine und falsche Pässe : wie die Kirchen den Nazis halfen*. 1991.

KNOPP, GUIDO: *Hitlers Helfer II*. ZDF, 2005, DVD.

SPIEGEL: *Vor 20 Jahren: Erich Priebke vor Gericht*. SpiegelTV, Juli 2016 ⟨URL: https://www.youtube.com/watch?v=6DuXUbNnKAE⟩ – Zugriff am 3.11.2017.

STAHL, DANIEL: *Nazi-Jagd Südamerikas Diktaturen und die Ahndung von NS-Verbrechen*. 2013.

STEINACHER, G.: *Hakenkreuz und Rotes Kreuz eine humanitäre Organisation zwischen Holocaust und Flüchtlingsproblematik*. 2013.

STEINACHER, GERALD: *Nazis auf der Flucht - wie Kriegsverbrecher über Italien nach Übersee entkamen*. [2]2010.

STICKLER, WOLFGANG: *Pater Odilo Braun OP (1899-1981)*. PDF, Oktober 1998 ⟨URL: http://www.dominikaner-braunschweig.de/sites/default/files/content/ images/Dominikaner/odilo-braun.pdf⟩ – Zugriff am 3.11.2017.

VOLK, LUDWIG: *Akten deutscher Bischöfe über die Lage der Kirche*. 1985.

WÜRZ, MARKUS/BAGHDADY, ANNE: *Nürnberger Prozesse*. Lebendiges Museum Online, Stiftung Haus der Geschichte der Bundesrepublik Deutschland, August 2017 ⟨URL: http://www.hdg.de/lemo/kapitel/nachkriegsjahre/ entnazifizierung-und-antifaschismus/nuernberger-prozesse.html⟩ – Zugriff am 3.11.2017.